Blessings For Our Food

ברכת המזון

בס״ד

Copyright © 2015 (5775)

ISBN: 978-1-936778-12-6

Mazo Publishers

www.mazopublishers.com

Email: mazopublishers@gmail.com

This Bencher has been produced with Large Print For Easier Reading. Contact us through the website for bulk orders.

לעילוי נשמת

בתיה בת יצחק
ז״ל Batya Ernst

.ת.נ.צ.ב.ה

Blessings Before Eating Non-Bread Foods

[Before eating any of the five grains, except bread]

בָּרוּךְ אַתָּה יי אֱלֹהֵינוּ מֶלֶךְ הָעוֹלָם, בּוֹרֵא מִינֵי מְזוֹנוֹת.

Blessed are You, Lord our God, King of the universe who creates species of nourishment.

[Before eating fruit which grows on trees]

בָּרוּךְ אַתָּה יי אֱלֹהֵינוּ מֶלֶךְ הָעוֹלָם, בּוֹרֵא פְּרִי הָעֵץ.

Blessed are You, Lord our God, King of the universe who creates the fruit of the tree.

[Before eating produce grown directly from the ground]

בָּרוּךְ אַתָּה יי אֱלֹהֵינוּ מֶלֶךְ הָעוֹלָם, בּוֹרֵא פְּרִי הָאֲדָמָה.

Blessed are You, Lord our God, King of the universe who creates the fruit of the Earth.

[Before eating non-specific foods and drinks]

בָּרוּךְ אַתָּה יי אֱלֹהֵינוּ מֶלֶךְ הָעוֹלָם, שֶׁהַכֹּל נִהְיָה בִּדְבָרוֹ.

Blessed are You, Lord our God, King of the universe by whose word all things exist.

3

Blessings Before Eating A Meal With Bread

[After washing your hands using a ritual cup]

בָּרוּךְ אַתָּה יי אֱלֹהֵינוּ מֶלֶךְ הָעוֹלָם, אֲשֶׁר קִדְּשָׁנוּ בְּמִצְוֹתָיו, וְצִוָּנוּ עַל נְטִילַת יָדָיִם.

Blessed are You, Lord our God, King of the universe, who has sanctified us by Your commandments, and has given us the commandment for washing the hands.

[Before eating bread]

בָּרוּךְ אַתָּה יי אֱלֹהֵינוּ מֶלֶךְ הָעוֹלָם, הַמּוֹצִיא לֶחֶם מִן הָאָרֶץ.

Blessed are You, Lord our God, King of the universe, who brings forth bread from the earth.

Blessings After Eating A Meal With Bread

[Psalm 137 is said on a weekday, when not Rosh Chodesh,
a Festival Holiday, or when Tachanun is said, in memory of
the destruction of the Temple]

[בְּיוֹם שֶׁאוֹמְרִים בּוֹ תַּחֲנוּן]

עַל נַהֲרוֹת בָּבֶל שָׁם יָשַׁבְנוּ גַּם בָּכִינוּ, בְּזָכְרֵנוּ אֶת צִיּוֹן. עַל עֲרָבִים בְּתוֹכָהּ, תָּלִינוּ כִּנֹּרוֹתֵינוּ. כִּי שָׁם שְׁאֵלוּנוּ שׁוֹבֵינוּ דִּבְרֵי שִׁיר וְתוֹלָלֵינוּ שִׂמְחָה, שִׁירוּ לָנוּ מִשִּׁיר צִיּוֹן. אֵיךְ נָשִׁיר אֶת שִׁיר יְיָ, עַל אַדְמַת נֵכָר.

אִם אֶשְׁכָּחֵךְ יְרוּשָׁלָיִם, תִּשְׁכַּח יְמִינִי. תִּדְבַּק לְשׁוֹנִי לְחִכִּי אִם לֹא אֶזְכְּרֵכִי, אִם לֹא אַעֲלֶה אֶת יְרוּשָׁלַיִם עַל רֹאשׁ שִׂמְחָתִי. זְכֹר יְיָ לִבְנֵי אֱדוֹם אֵת יוֹם יְרוּשָׁלָיִם, הָאוֹמְרִים עָרוּ עָרוּ עַד הַיְסוֹד בָּהּ. בַּת בָּבֶל הַשְּׁדוּדָה, אַשְׁרֵי שֶׁיְשַׁלֶּם לָךְ אֶת גְּמוּלֵךְ שֶׁגָּמַלְתְּ לָנוּ. אַשְׁרֵי שֶׁיֹּאחֵז וְנִפֵּץ אֶת עֹלָלַיִךְ אֶל הַסָּלַע.

By the rivers of Babylon, there we sat, we wept when we remembered Zion. We hung our lyres on the willows in its midst. There those who carried us away captive required of us a song. Those who tormented us required of us mirth, saying, Sing us one of the songs of Zion.

How shall we sing the Lord's song in a foreign land? If I forget you, O Yerushalayim, let my right hand forget its cunning. If I do not remember you, let my tongue cleave to the roof of my mouth, if I do not set Yerushalayim above my highest joy.

Remember, Lord, the Edomites, the day of Yerushalayim, when they said, Destroy it, Destroy it, to its foundation. O daughter of Babylon, you are to be destroyed! Happy shall he be, who repays you for what you have done to us! Happy shall he be, who takes your little ones and dashes them against the rock!

[Psalm 126 is recited on Shabbat, Rosh Chodesh, Festival Holidays and other festive occasions]

[ביום שאין אומרים בו תחנון]

שִׁיר הַמַּעֲלוֹת. בְּשׁוּב יי אֶת שִׁיבַת צִיּוֹן הָיִינוּ כְּחֹלְמִים. אָז יִמָּלֵא שְׂחוֹק פִּינוּ וּלְשׁוֹנֵנוּ רִנָּה. אָז יֹאמְרוּ בַגּוֹיִם הִגְדִּיל יי לַעֲשׂוֹת עִם אֵלֶּה. הִגְדִּיל יי לַעֲשׂוֹת עִמָּנוּ, הָיִינוּ שְׂמֵחִים. שׁוּבָה יי אֶת שְׁבִיתֵנוּ כַּאֲפִיקִים בַּנֶּגֶב. הַזֹּרְעִים בְּדִמְעָה בְּרִנָּה יִקְצֹרוּ. הָלוֹךְ יֵלֵךְ וּבָכֹה נֹשֵׂא מֶשֶׁךְ הַזָּרַע. בֹּא יָבֹא בְרִנָּה, נֹשֵׂא אֲלֻמֹּתָיו.

A song of ascents. When God restored the exiles, we were like dreamers. Then our mouths filled with laughter and our tongues with joyous song. Then it was said among the nations, God has done great things for them. God has done great things for us. And so we rejoiced. Return our exiles, God, as You return streams to the Negev.

Those who sow in tears will reap in joyous song. He who bears the measure of seed, goes along weeping, but will return home with joyful song, bearing his sheaves.

Invitation To Bless – הזימון

The Zimun, the invitation to bless, is said
with three or more males, above the age of thirteen.
For the Zimun after a Brit Mila, turn to page 27.
For the Zimun of Sheva Brachot, turn to page 33.

המזמן: רַבּוֹתַי נְבָרֵךְ.

המסובים: יְהִי שֵׁם יי מְבֹרָךְ מֵעַתָּה וְעַד עוֹלָם.

המזמן: יְהִי שֵׁם יי מְבֹרָךְ מֵעַתָּה וְעַד עוֹלָם. בִּרְשׁוּת
מָרָנָן וְרַבָּנָן וְרַבּוֹתַי, נְבָרֵךְ (במנין: אֱלֹהֵינוּ)
שֶׁאָכַלְנוּ מִשֶּׁלּוֹ.

המסובים: בָּרוּךְ (במנין: אֱלֹהֵינוּ) שֶׁאָכַלְנוּ מִשֶּׁלּוֹ
וּבְטוּבוֹ חָיִינוּ.

המזמן: בָּרוּךְ (במנין: אֱלֹהֵינוּ) שֶׁאָכַלְנוּ מִשֶּׁלּוֹ וּבְטוּבוֹ
חָיִינוּ. בָּרוּךְ הוּא וּבָרוּךְ שְׁמוֹ.

[Leader] Gentlemen, Let us bless.

[Participants] Blessed is the name of the Lord from now forever.

[Leader] Blessed is the name of the Lord from now forever. With the permission of those present, we will bless (minyan: our God) Him of whose bounty we have partaken.

[Participants] Blessed is (minyan: our God) He of whose bounty we have partaken, and through whose goodness we live.

[Leader] Blessed is (minyan: our God) He of whose bounty we have partaken, and through whose goodness we live. Blessed is He, and blessed is His name.

[The first blessing was composed by Moshe Rabenu, in appreciation for the nourishment from the manna]

בָּרוּךְ אַתָּה יי אֱלֹהֵינוּ מֶלֶךְ הָעוֹלָם, הַזָּן אֶת הָעוֹלָם כֻּלּוֹ, בְּטוּבוֹ, בְּחֵן בְּחֶסֶד וּבְרַחֲמִים, הוּא נוֹתֵן לֶחֶם לְכָל בָּשָׂר, כִּי לְעוֹלָם חַסְדּוֹ. וּבְטוּבוֹ הַגָּדוֹל תָּמִיד לֹא חָסַר לָנוּ וְאַל יֶחְסַר לָנוּ מָזוֹן לְעוֹלָם וָעֶד. בַּעֲבוּר שְׁמוֹ הַגָּדוֹל, כִּי הוּא אֵל זָן וּמְפַרְנֵס לַכֹּל, וּמֵטִיב לַכֹּל, וּמֵכִין מָזוֹן לְכָל בְּרִיּוֹתָיו אֲשֶׁר בָּרָא. בָּרוּךְ אַתָּה יי, הַזָּן אֶת הַכֹּל.

Blessed are You, Lord our God, King of the universe, who feeds the whole world with Your goodness, with grace, with lovingkindness and tender mercy. You give food to all flesh, for Your lovingkindness endures forever. Through Your great goodness food has never failed us. O may it not fail us forever and ever, for Your great name's sake, since You nourish and sustain all beings and do good unto all, and provide food for all Your creatures whom You have created. Blessed are You, Lord, who gives food to all.

נוֹדֶה לְךָ יי אֱלֹהֵינוּ, עַל שֶׁהִנְחַלְתָּ לַאֲבוֹתֵינוּ, אֶרֶץ חֶמְדָּה טוֹבָה וּרְחָבָה. וְעַל שֶׁהוֹצֵאתָנוּ יי אֱלֹהֵינוּ מֵאֶרֶץ מִצְרַיִם, וּפְדִיתָנוּ מִבֵּית עֲבָדִים. וְעַל בְּרִיתְךָ שֶׁחָתַמְתָּ בִּבְשָׂרֵנוּ. וְעַל תּוֹרָתְךָ שֶׁלִּמַּדְתָּנוּ. וְעַל חֻקֶּיךָ שֶׁהוֹדַעְתָּנוּ. וְעַל חַיִּים חֵן וָחֶסֶד שֶׁחוֹנַנְתָּנוּ. וְעַל אֲכִילַת מָזוֹן שָׁאַתָּה זָן וּמְפַרְנֵס אוֹתָנוּ תָּמִיד, בְּכָל יוֹם וּבְכָל עֵת וּבְכָל שָׁעָה.

We thank You, Lord our God, because You did give, as a heritage to our fathers, a desirable, good and ample land, and because You did bring us forth, Lord our God, from the land of Egypt, and did deliver us from the house of bondage, as well as for Your covenant which You have sealed in our flesh, Your Law which You have taught us, Your statutes which You have made known to us, the life, grace and lovingkindness which You have vouchsafed unto us, and for the food that You constantly feed and sustain us on every day, in every season, at every hour.

[בחנוכה]

עַל הַנִּסִּים וְעַל הַפֻּרְקָן וְעַל הַגְּבוּרוֹת וְעַל הַתְּשׁוּעוֹת וְעַל הַמִּלְחָמוֹת. שֶׁעָשִׂיתָ לַאֲבוֹתֵינוּ בַּיָּמִים הָהֵם בַּזְּמַן הַזֶּה.
בִּימֵי מַתִּתְיָהוּ בֶּן יוֹחָנָן כֹּהֵן גָּדוֹל חַשְׁמוֹנָאִי

וּבָנָיו, כְּשֶׁעָמְדָה מַלְכוּת יָוָן הָרְשָׁעָה עַל עַמְּךָ
יִשְׂרָאֵל. לְהַשְׁכִּיחָם תּוֹרָתֶךָ וּלְהַעֲבִירָם מֵחֻקֵּי
רְצוֹנֶךָ. וְאַתָּה בְּרַחֲמֶיךָ הָרַבִּים. עָמַדְתָּ לָהֶם בְּעֵת
צָרָתָם. רַבְתָּ אֶת רִיבָם. דַּנְתָּ אֶת דִּינָם. נָקַמְתָּ
אֶת נִקְמָתָם. מָסַרְתָּ גִבּוֹרִים בְּיַד חַלָּשִׁים. וְרַבִּים
בְּיַד מְעַטִּים. וּטְמֵאִים בְּיַד טְהוֹרִים. וּרְשָׁעִים בְּיַד
צַדִּיקִים. וְזֵדִים בְּיַד עוֹסְקֵי תוֹרָתֶךָ. וּלְךָ עָשִׂיתָ
שֵׁם גָּדוֹל וְקָדוֹשׁ בְּעוֹלָמֶךָ. וּלְעַמְּךָ יִשְׂרָאֵל עָשִׂיתָ
תְּשׁוּעָה גְדוֹלָה וּפֻרְקָן כְּהַיּוֹם הַזֶּה. וְאַחַר כֵּן בָּאוּ
בָנֶיךָ לִדְבִיר בֵּיתֶךָ, וּפִנּוּ אֶת הֵיכָלֶךָ, וְטִהֲרוּ אֶת
מִקְדָּשֶׁךָ, וְהִדְלִיקוּ נֵרוֹת בְּחַצְרוֹת קָדְשֶׁךָ, וְקָבְעוּ
שְׁמוֹנַת יְמֵי חֲנֻכָּה אֵלּוּ, לְהוֹדוֹת וּלְהַלֵּל לְשִׁמְךָ
הַגָּדוֹל.

[On Chanukah]

We thank You for the miracles, for the redemption, for the mighty deeds and saving acts, brought by You, as well as for the wars which You waged for our fathers in the days of old, at this season.

In the days of the Hasmonean, Matityahu son of Yochanan, the Kohen HaGadol, and his sons, when the iniquitous power of Greece rose up against Your people Israel to make them forgetful of Your Torah, and to force them to transgress the statutes of Your will, then You in Your abundant mercy rose up for them in the time of their trouble.

You pleaded their cause. You judged their suit. You avenged their wrong. You delivered the strong into the hands of the weak, the many into the hands of the few, the impure into the hands of the pure, the wicked into the

hands of the righteous, and the arrogant into the hands of those that occupied themselves with Your Torah.

For Yourself You made a great and holy name in Your world, and for Your people Israel You worked a great deliverance and redemption as at this day. And thereupon Your children came into the oracle of Your house, cleansed Your temple, purified Your sanctuary, kindled lights in Your holy courts, and appointed these eight days of Chanukah in order to give thanks and praises unto Your great name.

[בפורים]

עַל הַנִּסִּים וְעַל הַפֻּרְקָן וְעַל הַגְּבוּרוֹת וְעַל הַתְּשׁוּעוֹת וְעַל הַמִּלְחָמוֹת. שֶׁעָשִׂיתָ לַאֲבוֹתֵינוּ בַּיָּמִים הָהֵם בַּזְּמַן הַזֶּה.

בִּימֵי מָרְדְּכַי וְאֶסְתֵּר בְּשׁוּשַׁן הַבִּירָה, כְּשֶׁעָמַד עֲלֵיהֶם הָמָן הָרָשָׁע, בִּקֵּשׁ לְהַשְׁמִיד לַהֲרֹג וּלְאַבֵּד אֶת כָּל הַיְּהוּדִים, מִנַּעַר וְעַד זָקֵן, טַף וְנָשִׁים בְּיוֹם אֶחָד. בִּשְׁלֹשָׁה עָשָׂר לְחֹדֶשׁ שְׁנֵים עָשָׂר הוּא חֹדֶשׁ אֲדָר וּשְׁלָלָם לָבוֹז. וְאַתָּה בְּרַחֲמֶיךָ הָרַבִּים הֵפַרְתָּ אֶת עֲצָתוֹ, וְקִלְקַלְתָּ אֶת מַחֲשַׁבְתּוֹ, וַהֲשֵׁבוֹתָ לּוֹ גְּמוּלוֹ בְּרֹאשׁוֹ, וְתָלוּ אוֹתוֹ וְאֶת בָּנָיו עַל הָעֵץ.

[On Purim]

We thank You for the miracles, for the redemption, for the mighty deeds and saving acts, brought by You, as well as for the wars which You waged for our fathers in the days of old, at this season.

In the days of Mordechai and Esther, in Shushan the capital, when the wicked Haman rose up against them, and sought to destroy, to slay and be cleansed of all the Jews, both young and old, little children and women, on one day, on the thirteenth day of the twelfth month, which is the month Adar, and to forcibly take their possessions, then did You in Your abundant mercy bring his counsel to nought, frustrate his design, and return his reward upon his own head; and they hanged him and his sons upon the gallows.

וְעַל הַכֹּל יי אֱלֹהֵינוּ אֲנַחְנוּ מוֹדִים לָךְ וּמְבָרְכִים אוֹתָךְ, יִתְבָּרַךְ שִׁמְךָ בְּפִי כָּל חַי תָּמִיד לְעוֹלָם וָעֶד. כַּכָּתוּב, וְאָכַלְתָּ וְשָׂבָעְתָּ וּבֵרַכְתָּ אֶת יי אֱלֹהֶיךָ עַל הָאָרֶץ הַטֹּבָה אֲשֶׁר נָתַן לָךְ. בָּרוּךְ אַתָּה יי, עַל הָאָרֶץ וְעַל הַמָּזוֹן.

For all this, Lord our God, we thank and bless You, blessed be Your name by the mouth of all living continually and forever. As it is written, And You shall eat and be satisfied, and You shall bless the Lord Your God for the good land which He has given you. Blessed are You, Lord, for the land and for the food.

[The third blessing was composed by King David and his son Solomon, who built the first Temple]

רַחֵם נָא יי אֱלֹהֵינוּ עַל יִשְׂרָאֵל עַמֶּךָ, וְעַל יְרוּשָׁלַיִם עִירֶךָ, וְעַל צִיּוֹן מִשְׁכַּן כְּבוֹדֶךָ, וְעַל מַלְכוּת בֵּית דָּוִד מְשִׁיחֶךָ, וְעַל הַבַּיִת הַגָּדוֹל וְהַקָּדוֹשׁ שֶׁנִּקְרָא שִׁמְךָ עָלָיו. אֱלֹהֵינוּ אָבִינוּ רְעֵנוּ

זוּנֵנוּ פַּרְנְסֵנוּ וְכַלְכְּלֵנוּ וְהַרְוִיחֵנוּ, וְהַרְוַח לָנוּ יְיָ אֱלֹהֵינוּ מְהֵרָה מִכָּל צָרוֹתֵינוּ. וְנָא אַל תַּצְרִיכֵנוּ יְיָ אֱלֹהֵינוּ לֹא לִידֵי מַתְּנַת בָּשָׂר וָדָם וְלֹא לִידֵי הַלְוָאָתָם. כִּי אִם לְיָדְךָ הַמְּלֵאָה, הַפְּתוּחָה, הַקְּדוֹשָׁה וְהָרְחָבָה, שֶׁלֹּא נֵבוֹשׁ וְלֹא נִכָּלֵם לְעוֹלָם וָעֶד.

Have mercy, Lord our God, upon Israel Your people, upon Yerushalayim Your city, upon Zion the abiding place of Your glory, upon the kingdom of the house of David Your anointed, and upon the great and holy house that was called by Your name.

Our God, our Father, feed us, nourish us, sustain us, support and relieve us, and speedily Lord our God, grant us relief from all our troubles. We beseech You, Lord our God, let us not be in need either of the gifts of flesh and blood or of their loans, but only of Your helping hand, which is full, open, holy and ample, so that we may not be ashamed or humiliated, forever and ever.

רְצֵה וְהַחֲלִיצֵנוּ יְיָ אֱלֹהֵינוּ בְּמִצְוֹתֶיךָ וּבְמִצְוַת יוֹם הַשְּׁבִיעִי הַשַּׁבָּת הַגָּדוֹל וְהַקָּדוֹשׁ הַזֶּה, כִּי יוֹם זֶה גָּדוֹל וְקָדוֹשׁ הוּא לְפָנֶיךָ לִשְׁבָּת בּוֹ וְלָנוּחַ בּוֹ בְּאַהֲבָה כְּמִצְוַת רְצוֹנֶךָ. וּבִרְצוֹנְךָ הָנִיחַ לָנוּ יְיָ אֱלֹהֵינוּ שֶׁלֹּא תְהֵא צָרָה וְיָגוֹן וַאֲנָחָה בְּיוֹם מְנוּחָתֵנוּ. וְהַרְאֵנוּ יְיָ אֱלֹהֵינוּ בְּנֶחָמַת צִיּוֹן עִירֶךָ וּבְבִנְיַן יְרוּשָׁלַיִם עִיר קָדְשֶׁךָ כִּי אַתָּה הוּא בַּעַל הַיְשׁוּעוֹת וּבַעַל הַנֶּחָמוֹת.

Be pleased, Lord our God, to fortify us by Your commandments, and especially by the commandment of the seventh day, this great and holy Shabbat, since this day is great and holy before You, that we may rest and be content in love in accordance with the precept of Your will.

In Your favor, Lord our God, grant us that there be no trouble, grief or lamenting on the day of our rest. Let us, Lord our God, behold the consolation of Zion Your city, and the rebuilding of Yerushalayim Your holy city, for You are the Lord of salvation and of consolation.

[בראש חודש, ויום טוב]

אֱלֹהֵינוּ וֵאלֹהֵי אֲבוֹתֵינוּ יַעֲלֶה וְיָבוֹא וְיַגִּיעַ וְיֵרָאֶה וְיֵרָצֶה וְיִשָּׁמַע וְיִפָּקֵד וְיִזָּכֵר זִכְרוֹנֵנוּ וּפִקְדוֹנֵנוּ וְזִכְרוֹן אֲבוֹתֵינוּ וְזִכְרוֹן מָשִׁיחַ בֶּן דָּוִד עַבְדֶּךָ וְזִכְרוֹן יְרוּשָׁלַיִם עִיר קָדְשֶׁךָ וְזִכְרוֹן כָּל עַמְּךָ בֵּית יִשְׂרָאֵל לְפָנֶיךָ לִפְלֵיטָה לְטוֹבָה לְחֵן וּלְחֶסֶד וּלְרַחֲמִים לְחַיִּים וּלְשָׁלוֹם בְּיוֹם...

לראש חודש רֹאשׁ הַחֹדֶשׁ הַזֶּה.

לפסח חַג הַמַּצּוֹת הַזֶּה.

לשבועות חַג הַשָּׁבוּעוֹת הַזֶּה.

לסוכות חַג הַסֻּכּוֹת הַזֶּה.

לשמ״ע ולש״ת הַשְּׁמִינִי חַג הָעֲצֶרֶת הַזֶּה.

לר״ה בְּיוֹם הַזִּכָּרוֹן הַזֶּה.

זָכְרֵנוּ יי אֱלֹהֵינוּ בּוֹ לְטוֹבָה וּפָקְדֵנוּ בּוֹ לִבְרָכָה וְהוֹשִׁיעֵנוּ בּוֹ לְחַיִּים. וּבִדְבַר יְשׁוּעָה וְרַחֲמִים חוּס וְחָנֵּנוּ וְרַחֵם עָלֵינוּ וְהוֹשִׁיעֵנוּ, כִּי אֵלֶיךָ עֵינֵינוּ, כִּי אֵל מֶלֶךְ חַנּוּן וְרַחוּם אָתָּה.

[On Rosh Chodesh and Festival Holidays]

Our God and God of our fathers, May our remembrance ascend and come and be accepted before You, with the remembrance of our fathers, of Moshiach the son of David Your servant, of Yerushalayim Your holy city, and of all Your people the house of Israel, bringing deliverance and well-being, grace, lovingkindness and mercy, life and peace on this day of ... (insert the appropriate day).

On Rosh Chodesh, insert "Rosh Chodesh"

On Rosh Hashana, insert "Remembrance"

On Sukkot, insert "the festival of Sukkot"

On Shemini Atzert/Simchat Torah, insert "Shemini Atzert, the festival"

On Pesach, insert "the festival of Matzot"

On Shavuot, insert "the festival of Shavuot"

Remember us, Lord our God, for good. Be mindful of us for blessing, and save us in life. By Your promise of salvation and mercy, spare us and be gracious unto us, have mercy upon us and save us, for our eyes are turned to You, because You are a gracious and merciful God and King.

וּבְנֵה יְרוּשָׁלַיִם עִיר הַקֹּדֶשׁ בִּמְהֵרָה בְיָמֵינוּ. בָּרוּךְ אַתָּה יי, בּוֹנֵה בְרַחֲמָיו יְרוּשָׁלָיִם. אָמֵן.

And rebuild Yerushalayim the holy city speedily in our days. Blessed are You, Lord, who in Your compassion rebuilds Yerushalayim. Amen.

[Rabban Gamliel the Elder and his court composed the fourth blessing in gratitude to God for preserving the victims of the Roman massacre in Betar until they could be buried]

בָּרוּךְ אַתָּה יי אֱלֹהֵינוּ מֶלֶךְ הָעוֹלָם, הָאֵל, אָבִינוּ, מַלְכֵּנוּ, אַדִּירֵנוּ, בּוֹרְאֵנוּ, גּוֹאֲלֵנוּ, יוֹצְרֵנוּ, קְדוֹשֵׁנוּ, קְדוֹשׁ יַעֲקֹב, רוֹעֵנוּ רוֹעֵה יִשְׂרָאֵל, הַמֶּלֶךְ הַטּוֹב וְהַמֵּטִיב לַכֹּל, שֶׁבְּכָל יוֹם וָיוֹם, הוּא הֵטִיב הוּא מֵטִיב הוּא יֵיטִיב לָנוּ. הוּא גְמָלָנוּ הוּא גוֹמְלֵנוּ הוּא יִגְמְלֵנוּ לָעַד לְחֵן וּלְחֶסֶד וּלְרַחֲמִים וּלְרֶוַח הַצָּלָה וְהַצְלָחָה, בְּרָכָה וִישׁוּעָה, נֶחָמָה, פַּרְנָסָה וְכַלְכָּלָה, וְרַחֲמִים וְחַיִּים וְשָׁלוֹם וְכָל טוֹב. וּמִכָּל טוּב לְעוֹלָם אַל יְחַסְּרֵנוּ.
הָרַחֲמָן הוּא יִמְלֹךְ עָלֵינוּ לְעוֹלָם וָעֶד. הָרַחֲמָן הוּא יִתְבָּרַךְ בַּשָּׁמַיִם וּבָאָרֶץ. הָרַחֲמָן הוּא יִשְׁתַּבַּח לְדוֹר דּוֹרִים, וְיִתְפָּאַר בָּנוּ לָעַד וּלְנֵצַח נְצָחִים, וְיִתְהַדַּר בָּנוּ לָעַד וּלְעוֹלְמֵי עוֹלָמִים.
הָרַחֲמָן הוּא יְפַרְנְסֵנוּ בְּכָבוֹד. הָרַחֲמָן הוּא יִשְׁבֹּר עֻלֵּנוּ מֵעַל צַוָּארֵנוּ וְהוּא יוֹלִיכֵנוּ קוֹמְמִיּוּת

לְאַרְצֵנוּ. הָרַחֲמָן הוּא יִשְׁלַח לָנוּ בְּרָכָה מְרֻבָּה בַּבַּיִת הַזֶּה וְעַל שֻׁלְחָן זֶה שֶׁאָכַלְנוּ עָלָיו. הָרַחֲמָן הוּא יִשְׁלַח לָנוּ אֶת אֵלִיָּהוּ הַנָּבִיא זָכוּר לַטּוֹב וִיבַשֶּׂר לָנוּ בְּשׂוֹרוֹת טוֹבוֹת יְשׁוּעוֹת וְנֶחָמוֹת.

Blessed are You, Lord our God, King of the universe, God, our Father, our King, our Strength, our Creator, our Redeemer, our Maker, our Holy One, the Holy One of Jacob, our Shepherd, the Shepherd of Israel, the King who is kind and deals kindly with all, each and every day.

You have dealt kindly, do deal kindly, and will deal kindly with us. You have bestowed, You do bestow, and You will always bestow benefits upon us, with grace, lovingkindness, mercy, relief, deliverance and prosperity, blessing, salvation, consolation, sustenance and support, mercy, life, peace and all goodness.

May He never cause us to lack any manner of good. The All-merciful shall reign over us forever and ever. The All-merciful shall be blessed in heaven and on earth. The All-merciful shall be praised throughout all generations, glorified amongst us to all eternity, and honored amongst us forever.

May the All-merciful grant us an honorable livelihood. May the All-merciful break the yoke from off our neck, and lead us upright to our land. May the All-merciful send an abundant blessing upon this house, and upon this table at which we have eaten.

May the All-merciful send us Eliyahu the prophet (let him be remembered for good), who shall give us good tidings, salvation and consolation.

הָרַחֲמָן הוּא יְבָרֵךְ...

...אוֹתִי (וְאֶת אִשְׁתִּי / בַּעְלִי / וְאֶת זַרְעִי) וְאֶת כָּל אֲשֶׁר לִי.

...אֶת (אָבִי מוֹרִי) בַּעַל הַבַּיִת הַזֶּה וְאֶת (אִמִּי מוֹרָתִי) בַּעֲלַת הַבַּיִת הַזֶּה. אוֹתָם וְאֶת בֵּיתָם וְאֶת זַרְעָם וְאֶת כָּל אֲשֶׁר לָהֶם.

אוֹתָנוּ וְאֶת כָּל אֲשֶׁר לָנוּ, כְּמוֹ שֶׁנִּתְבָּרְכוּ אֲבוֹתֵינוּ אַבְרָהָם, יִצְחָק וְיַעֲקֹב, בַּכֹּל, מִכֹּל, כֹּל, כֵּן יְבָרֵךְ אוֹתָנוּ כֻּלָּנוּ יַחַד בִּבְרָכָה שְׁלֵמָה. וְנֹאמַר אָמֵן.

בַּמָּרוֹם יְלַמְּדוּ עֲלֵיהֶם וְעָלֵינוּ זְכוּת שֶׁתְּהֵא לְמִשְׁמֶרֶת שָׁלוֹם. וְנִשָּׂא בְרָכָה מֵאֵת יְיָ, וּצְדָקָה מֵאֱלֹהֵי יִשְׁעֵנוּ, וְנִמְצָא חֵן וְשֵׂכֶל טוֹב בְּעֵינֵי אֱלֹהִים וְאָדָם.　[בסעודת ברית מילה, תמשיך בעמוד 28]

בשבת הָרַחֲמָן הוּא יַנְחִילֵנוּ יוֹם שֶׁכֻּלּוֹ שַׁבָּת וּמְנוּחָה לְחַיֵּי הָעוֹלָמִים.

ביום טוב הָרַחֲמָן הוּא יַנְחִילֵנוּ יוֹם שֶׁכֻּלּוֹ טוֹב.

בראש חודש הָרַחֲמָן הוּא יְחַדֵּשׁ עָלֵינוּ אֶת הַחֹדֶשׁ הַזֶּה לְטוֹבָה וְלִבְרָכָה.

בראש השנה הָרַחֲמָן הוּא יְחַדֵּשׁ עָלֵינוּ אֶת הַשָּׁנָה הַזֹּאת לְטוֹבָה וְלִבְרָכָה.

בסוכות הָרַחֲמָן הוּא יָקִים לָנוּ אֶת סֻכַּת דָּוִד הַנּוֹפָלֶת.

May the All-merciful bless … [Insert appropriate]

… me, (and my wife / my husband / and my children) and all that is mine.

… (my father, my teacher) the master of this house, and (my mother, my teacher) the lady of this house, them, their household, their family and all that is theirs.

[Continue] … us and all that is ours, as our fathers Abraham, Isaac and Jacob were blessed, in all, from all, with all, so may He bless all of us together with a perfect blessing, and let us say Amen.

Both on their and on our behalf, may there be such advocacy on high as shall lead to enduring peace. And may we receive a blessing from the Lord, and righteousness from the God of our salvation. And may we find grace and good understanding in the sight of God and man.

[At the meal after a Brit Mila, continue on page 31]

[On Shabbat] May the All-merciful let us inherit the day which shall be wholly a Shabbat and rest in the life everlasting.

[On Rosh Chodesh] May the All-merciful renew unto us this month for good and for blessing.

[On Festival Holidays] May the All-merciful let us inherit the day which is altogether good.

[On Rosh Hashana] May the All-merciful renew unto us this year for good and for blessing.

[On Sukkot] May the All-merciful raise up for us the fallen Sukka of David.

הָרַחֲמָן הוּא יְזַכֵּנוּ לִימוֹת הַמָּשִׁיחַ וּלְחַיֵּי הָעוֹלָם הַבָּא.

May the All-merciful make us worthy of the days of Moshiach, and of the life of the World-to-come.

מַגְדִּיל / בשבת / ביום טוב / בראש חודש: מִגְדּוֹל יְשׁוּעוֹת מַלְכּוֹ וְעֹשֶׂה חֶסֶד לִמְשִׁיחוֹ לְדָוִד וּלְזַרְעוֹ עַד עוֹלָם. עֹשֶׂה שָׁלוֹם בִּמְרוֹמָיו הוּא יַעֲשֶׂה שָׁלוֹם עָלֵינוּ וְעַל כָּל יִשְׂרָאֵל וְאִמְרוּ אָמֵן.

יְראוּ אֶת יי קְדֹשָׁיו כִּי אֵין מַחְסוֹר לִירֵאָיו. כְּפִירִים רָשׁוּ וְרָעֵבוּ וְדוֹרְשֵׁי יי לֹא יַחְסְרוּ כָל טוֹב. הוֹדוּ לַיי כִּי טוֹב כִּי לְעוֹלָם חַסְדּוֹ. פּוֹתֵחַ אֶת יָדֶךָ וּמַשְׂבִּיעַ לְכָל חַי רָצוֹן.

בָּרוּךְ הַגֶּבֶר אֲשֶׁר יִבְטַח בַּיי וְהָיָה יי מִבְטַחוֹ. נַעַר הָיִיתִי גַּם זָקַנְתִּי וְלֹא רָאִיתִי צַדִּיק נֶעֱזָב וְזַרְעוֹ מְבַקֶּשׁ לָחֶם, יי עֹז לְעַמּוֹ יִתֵּן יי יְבָרֵךְ אֶת עַמּוֹ בַשָּׁלוֹם. [שבע ברכות, המשך בעמוד 34]

[On Weekdays, not Festival Holidays, or Rosh Chodesh]
He gives great salvation ...

[On Shabbat, Festival Holidays, and Rosh Chodesh]
He is a tower of salvation ...

... to His king, and shows lovingkindness to His anointed, to David and to his descendants, forever. He who makes peace in His high places, may He make peace

for us and for all Israel, and say Amen.

Fear the Lord, you His holy ones, for there is no want to them who fear Him. Young lions may lack and suffer hunger, but those who seek the Lord shall not lack any good.

Give thanks to the Lord, for He is good, for His lovingkindness endures forever. You open Your hand, and satisfy every living thing with favor.

Blessed is the man who trusts in the Lord, and whose trust the Lord will be his security.

I was young and now I am old, yet I have not seen the righteous forsaken, nor his children begging for bread. The Lord will give strength to His people. The Lord will bless His people with peace.

[At Sheva Brachot, continue on page 35]

Al Hamichya
Blessings After Non-bread Meals Or Snacks

ברכה מעין שלוש

בָּרוּךְ אַתָּה יי, אֱלֹהֵינוּ מֶלֶךְ הָעוֹלָם...

[על היין]

...עַל הַגֶּפֶן וְעַל פְּרִי הַגֶּפֶן.

[על חמשת מיני דגן]

...עַל הַמִּחְיָה וְעַל הַכַּלְכָּלָה.

[על פירות משבעת המינים]

...עַל הָעֵץ וְעַל פְּרִי הָעֵץ.

וְעַל תְּנוּבַת הַשָּׂדֶה וְעַל אֶרֶץ חֶמְדָּה טוֹבָה וּרְחָבָה שֶׁרָצִיתָ וְהִנְחַלְתָּ לַאֲבוֹתֵינוּ לֶאֱכוֹל מִפִּרְיָהּ וְלִשְׂבּוֹעַ מִטּוּבָהּ. רַחֵם (נָא) יי אֱלֹהֵינוּ עַל יִשְׂרָאֵל עַמֶּךָ וְעַל יְרוּשָׁלַיִם עִירֶךָ וְעַל צִיּוֹן מִשְׁכַּן כְּבוֹדֶךָ, וְעַל מִזְבְּחֶךָ, וְעַל הֵיכָלֶךָ. וּבְנֵה יְרוּשָׁלַיִם עִיר הַקֹּדֶשׁ בִּמְהֵרָה בְיָמֵינוּ. וְהַעֲלֵנוּ לְתוֹכָהּ. וְשַׂמְּחֵנוּ בְּבִנְיָנָהּ וְנֹאכַל מִפִּרְיָהּ וְנִשְׂבַּע מִטּוּבָהּ וּנְבָרֶכְךָ עָלֶיהָ בִּקְדֻשָּׁה וּבְטָהֳרָה.

בשבת וּרְצֵה וְהַחֲלִיצֵנוּ בְּיוֹם שַׁבָּת הַזֶּה.

בראש חודש וְזָכְרֵנוּ לְטוֹבָה בְּיוֹם רֹאשׁ הַחֹדֶשׁ הַזֶּה.

בפסח וְשַׂמְּחֵנוּ בְּיוֹם חַג הַמַּצּוֹת הַזֶּה.

בסוכות וְשַׂמְּחֵנוּ בְּיוֹם חַג הַסֻּכּוֹת הַזֶּה.

לשבועות וְשַׂמְּחֵנוּ בְּיוֹם חַג הַשָּׁבוּעוֹת הַזֶּה.

לשמ״ע ולש״ת וְשַׂמְּחֵנוּ בְּיוֹם הַשְּׁמִינִי חַג הָעֲצֶרֶת הַזֶּה.

לר״ה וְזָכְרֵנוּ בְּיוֹם הַזִּכָּרוֹן הַזֶּה.

כִּי אַתָּה יי טוֹב וּמֵטִיב לַכֹּל וְנוֹדֶה לְךָ עַל הָאָרֶץ וְעַל ...

[על היין]

... פְּרִי הַגָּפֶן. בָּרוּךְ אַתָּה יי עַל הָאָרֶץ ...
וְעַל פְּרִי הַגָּפֶן. (על של א״י – וְעַל פְּרִי גַפְנָהּ.)

[על חמשת מיני דגן]

... הַמִּחְיָה. בָּרוּךְ אַתָּה יי עַל הָאָרֶץ וְעַל הַמִּחְיָה.

[על פירות משבעת המינים]

... הַפֵּרוֹת. בָּרוּךְ אַתָּה יי עַל הָאָרֶץ ...
וְעַל הַפֵּרוֹת. (על של א״י – וְעַל פֵּרוֹתֶיהָ.)

[The following blessings are recited after eating: (A) Grain foods (other than bread or matza); (B) Wine or grape juice; (C) Grapes, pomegranates, figs, dates, or olives]

Blessed are You, Lord our God, King of the universe...

[After wine]
...for the wine and the fruit of the vine.

[After food prepared from the five grains]
...for the sustenance and the nourishment.

[After grapes, pomegranates, figs, dates, or olives]
...for the tree and the fruit of the tree.

And for the produce of the field, for the precious, good and ample land which You have graciously given to us as a heritage unto our fathers, to eat of its fruits and be satisfied with its goodness.

Have mercy, Lord our God, upon Israel Your people, upon Yerushalayim Your city, upon Zion the resting place of Your glory, upon Your altar and Your temple.

Rebuild Yerushalayim, the holy city, speedily in our days, lead us up to it and let us rejoice in its rebuilding.

May we eat of the fruits of the land, and be satisfied with its goodness, and bless You for it in holiness and purity.

[On Shabbat]
And be pleased to fortify us on this Shabbat day.

[On Rosh Chodesh]
And remember us on this day of the New Moon.

24

[On Pesach]
And gladden us on this Festival day of Matzot.

[On Sukkot]
And gladden us on this Festival day of Sukkot.

[On Shavuot]
And gladden us on this Festival day of Shavuot.

[On Shemini Atzert / Simchat Torah]
And gladden us on this Festival day of Shemini Atzert.

[On Rosh Hashana]
And remember us for goodness on this
day of remembrance.

For You, Lord, are good and beneficent unto all, and we will give thanks to You for the land and for...

[After wine]
... the fruit of the vine. Blessed are You, Lord, for the land and ... for the fruit of the vine. (Grown in Israel – for its fruit of the vine.)

[After food from any of the five grains]
... the sustenance. Blessed are You, Lord, for the land and for the sustenance.

[After grapes, pomegranates, figs, dates, or olives]
... and for the fruits. Blessed are You, Lord, for the land and ... for the fruits. (Grown in Israel – for its fruits.)

Boreh Nefashot
Blessing After Non-specific Foods And Drinks

בורא נפשות

בָּרוּךְ אַתָּה יי אֱלֹהֵינוּ מֶלֶךְ הָעוֹלָם, בּוֹרֵא נְפָשׁוֹת רַבּוֹת וְחֶסְרוֹנָן עַל כָּל מַה שֶׁבָּרָאתָ לְהַחֲיוֹת בָּהֶם נֶפֶשׁ כָּל חָי. בָּרוּךְ חֵי הָעוֹלָמִים.

Blessed are You, Lord our God, King of the universe, Creator of numerous living things and their needs, for all the things You have created with which to sustain the soul of every living being. Blessed is He who is the life of the worlds.

The Invitation To Say The Blessings Following A Meal After A Brit Mila.

זימון לסעודת ברית מילה

המזמן: רַבּוֹתַי נְבָרֵךְ.

המסובים: יְהִי שֵׁם יי מְבֹרָךְ מֵעַתָּה וְעַד עוֹלָם.

המזמן: יְהִי שֵׁם יי מְבֹרָךְ מֵעַתָּה וְעַד עוֹלָם. נוֹדֶה לְשִׁמְךָ בְּתוֹךְ אֱמוּנַי. בְּרוּכִים אַתֶּם לַיי.

המסובים: נוֹדֶה לְשִׁמְךָ בְּתוֹךְ אֱמוּנַי. בְּרוּכִים אַתֶּם לַיי.

המזמן: בִּרְשׁוּת אֵל אָיוֹם וְנוֹרָא, מִשְׂגָּב לְעִתּוֹת בַּצָּרָה, אֵל נֶאְזָר בִּגְבוּרָה, אַדִּיר בַּמָּרוֹם יי.

המסובים: נוֹדֶה לְשִׁמְךָ בְּתוֹךְ אֱמוּנַי. בְּרוּכִים אַתֶּם לַיי.

המזמן: בִּרְשׁוּת הַתּוֹרָה הַקְּדוֹשָׁה, טְהוֹרָה הִיא וְגַם פְּרוּשָׁה, צִיוָּה לָנוּ מוֹרָשָׁה, מֹשֶׁה עֶבֶד יי.

המסובים: נוֹדֶה לְשִׁמְךָ בְּתוֹךְ אֱמוּנַי. בְּרוּכִים אַתֶּם לַיי.

המזמן: בִּרְשׁוּת הַכֹּהֲנִים וְהַלְוִיִּם אֶקְרָא לֵאלֹהֵי הָעִבְרִיִּים, אֲהוֹדֶנּוּ בְּכָל אִיִּים, אֲבָרְכָה אֶת יי.

המסובים: נוֹדֶה לְשִׁמְךָ בְּתוֹךְ אֱמוּנַי, בְּרוּכִים אַתֶּם לַיי.

המזמן: בִּרְשׁוּת מָרָנָן וְרַבָּנָן וְרַבּוֹתַי, אֶפְתְּחָה בְּשִׁיר פִּי וּשְׂפָתַי, וְתֹאמַרְנָה עַצְמוֹתַי, בָּרוּךְ הַבָּא בְּשֵׁם יי.

המסובים: נוֹדֶה לְשִׁמְךָ בְּתוֹךְ אֱמוּנַי, בְּרוּכִים אַתֶּם לַיי.

המזמן: בִּרְשׁוּת מָרָנָן וְרַבָּנָן וְרַבּוֹתַי, נְבָרֵךְ (במנין: אֱלֹהֵינוּ) שֶׁאָכַלְנוּ מִשֶּׁלּוֹ.

המסובים: בָּרוּךְ (במנין: אֱלֹהֵינוּ) שֶׁאָכַלְנוּ מִשֶּׁלּוֹ וּבְטוּבוֹ חָיִינוּ.

המזמן: בָּרוּךְ (במנין: אֱלֹהֵינוּ) שֶׁאָכַלְנוּ מִשֶּׁלּוֹ וּבְטוּבוֹ חָיִינוּ. בָּרוּךְ הוּא וּבָרוּךְ שְׁמוֹ.

[המשך בעמוד 8 עד עמוד 18, לאחר מכן להמשיך]

הָרַחֲמָן הוּא יְבָרֵךְ אֲבִי הַיֶּלֶד וְאִמּוֹ, וְיִזְכּוּ לְגַדְּלוֹ וּלְחַנְּכוֹ וּלְחַכְּמוֹ, מִיּוֹם הַשְּׁמִינִי וָהָלְאָה יֵרָצֶה דָמוֹ, וִיהִי יי אֱלֹהָיו עִמּוֹ.
הָרַחֲמָן הוּא יְבָרֵךְ בַּעַל בְּרִית הַמִּילָה, אֲשֶׁר שָׂשׂ לַעֲשׂוֹת צֶדֶק בְּגִילָה, וִישַׁלֵּם פָּעֳלוֹ וּמַשְׂכֻּרְתּוֹ כְּפוּלָה, וְיִתְּנֵהוּ לְמַעְלָה לְמָעְלָה.

הָרַחֲמָן הוּא יְבָרֵךְ רַךְ הַנִּמּוֹל לִשְׁמוֹנָה,
וְיִהְיוּ יָדָיו וְלִבּוֹ לָאֵל אֱמוּנָה, וְיִזְכֶּה לִרְאוֹת פְּנֵי
הַשְּׁכִינָה, שָׁלוֹשׁ פְּעָמִים בַּשָּׁנָה.
הָרַחֲמָן הוּא יְבָרֵךְ הַמָּל בְּשַׂר הָעָרְלָה, וּפָרַע
וּמָצַץ דְּמֵי הַמִּילָה, אִישׁ הַיָּרֵא וְרַךְ הַלֵּבָב יְרַצֶּה
עֲבוֹדָתוֹ פְּסוּלָה. אִם שָׁלוֹשׁ אֵלֶּה לֹא יַעֲשֶׂה לָהּ.
הָרַחֲמָן הוּא יִשְׁלַח לָנוּ מְשִׁיחוֹ הוֹלֵךְ תָּמִים,
בִּזְכוּת חֲתַן לַמּוּלוֹת דָּמִים, לְבַשֵּׂר בְּשׂוֹרוֹת
טוֹבוֹת וְנִחוּמִים, לְעַם אֶחָד מְפֻזָּר וּמְפֹרָד בֵּין
הָעַמִּים.
הָרַחֲמָן הוּא יִשְׁלַח לָנוּ כֹּהֵן צֶדֶק אֲשֶׁר לֻקַּח
לְעֵילָם, עַד הוּכַן כִּסְאוֹ כַּשֶּׁמֶשׁ וְיָהֲלֹם, וַיָּלֶט
פָּנָיו בְּאַדַּרְתּוֹ וַיִּגְלֹם, בְּרִיתִי הָיְתָה אִתּוֹ הַחַיִּים
וְהַשָּׁלוֹם. [בשבת / ביום טוב / בראש חודש, המשך 18; ימי חול 20]

[Leader] Gentlemen, Let us bless.

[Participants respond] Blessed be the name of the Lord from this time and forever.

[Leader] Blessed be the name of the Lord from this time and forever. We will give thanks unto Your name in the midst of the faithful. Blessed are you of the Lord.

[Participants respond] We will give thanks unto Your name in the midst of the faithful. Blessed are you of the Lord.

[Leader] With the permission of the fearful and revered

God, who is a refuge in times of trouble, the God bound with strength, the Lord mighty on high.

[Participants respond] We will give thanks unto Your name in the midst of the faithful. Blessed are you of the Lord.

[Leader] With the permission of the holy Torah, pure and clear, which Moshe the servant of the Lord commanded us to be a heritage.

[Participants respond] We will give thanks unto Your name in the midst of the faithful. Blessed are you of the Lord.

[Leader] With the permission of the Kohanim and Levites I will call upon the God of the Hebrews, I will declare His glory in every region, I will bless the Lord.

[Participants respond] We will give thanks unto Your name in the midst of the faithful. Blessed are you of the Lord.

[Leader] With the permission of those present I will open my lips with song, yea, my bones shall declare, Blessed is he who comes in the name of the Lord.

[Participants respond] We will give thanks unto Your name in the midst of the faithful. Blessed are you of the Lord.

[Leader] With the permission of those present, we will bless (minyan add: our God) Him of whose bounty we have partaken.

[Participants respond] Blessed is (minyan add: our God) He of whose bounty we have partaken, and through whose goodness we live.

[Leader] Blessed is (minyan add: our God) He of whose bounty we have partaken, and through whose goodness we live.

Blessed is He, and blessed is His name.

[Continue on page 8 until page 19, then return and continue below]

May the All-merciful bless the father and mother of the child. May they be worthy to raise him and to train him in wisdom, from this eighth day and henceforth may his blood be accepted, and may the Lord his God be with him.

May the All-merciful bless the Sandek who has observed the covenant of Circumcision and rejoiced exceedingly to perform this deed of piety. May He reward him for his act with a double recompense, and ever exalt him more and more.

May the All-merciful bless the tender infant that has been circumcised on his eighth day. May his hands and heart be firm with God, and may he become worthy to appear before the Divine Presence three times a year.

May the All-merciful bless the Mohel who has

circumcised the flesh of the foreskin, duly fulfilling each part of the precept. The service would be invalid if one who is timid and fainthearted, or who failed to perform the three essentials of the ceremony.

May the All-merciful, in the merit of the blood of the circumcision, send us His Moshiach who walks in perfection, to give good tidings and consolation to the people who are scattered and dispersed among the nations.

May the All-merciful send us the righteous Kohen, who remains withdrawn in concealment until a throne, bright as the sun and radiant as the diamond, shall be prepared for him, the prophet who covered his face with his mantle and wrapped himself therein, with whom is God's covenant of life and of peace.

[On Shabbat, Rosh Chodesh and the Festival Holidays, continue on page 19; weekdays, page 20]

Sheva Brachot

זימון לשבע ברכות

The Invitation To Say The Blessings at a Wedding Meal

המזמן: רַבּוֹתַי נְבָרֵךְ.

המסובים: יְהִי שֵׁם יי מְבֹרָךְ מֵעַתָּה וְעַד עוֹלָם.

המזמן: יְהִי שֵׁם יי מְבֹרָךְ מֵעַתָּה וְעַד עוֹלָם.
דְּוַי הָסֵר וְגַם חָרוֹן. וְאָז אִלֵּם בְּשִׁיר יָרוֹן.
נְחֵנוּ בְּמַעְגְּלֵי צֶדֶק. שְׁעֵה בִּרְכַּת בְּנֵי אַהֲרֹן.
בִּרְשׁוּת מָרָנָן וְרַבָּנָן וְרַבּוֹתַי, נְבָרֵךְ אֱלֹהֵינוּ
שֶׁהַשִּׂמְחָה בִמְעוֹנוֹ וְשֶׁאָכַלְנוּ מִשֶּׁלוֹ.

המסובים: בָּרוּךְ אֱלֹהֵינוּ שֶׁהַשִּׂמְחָה בִמְעוֹנוֹ
וְשֶׁאָכַלְנוּ מִשֶּׁלוֹ וּבְטוּבוֹ חָיִינוּ.

המזמן: בָּרוּךְ אֱלֹהֵינוּ שֶׁהַשִּׂמְחָה בִמְעוֹנוֹ
וְשֶׁאָכַלְנוּ מִשֶּׁלוֹ וּבְטוּבוֹ חָיִינוּ.

בָּרוּךְ הוּא וּבָרוּךְ שְׁמוֹ.

[המשך בעמוד 8]
[Continue on page 8]

33

1. בָּרוּךְ אַתָּה יי, אֱלֹהֵינוּ מֶלֶךְ הָעוֹלָם, שֶׁהַכֹּל בָּרָא לִכְבוֹדוֹ.

2. בָּרוּךְ אַתָּה יי, אֱלֹהֵינוּ מֶלֶךְ הָעוֹלָם, יוֹצֵר הָאָדָם.

3. בָּרוּךְ אַתָּה יי, אֱלֹהֵינוּ מֶלֶךְ הָעוֹלָם, אֲשֶׁר יָצַר אֶת הָאָדָם בְּצַלְמוֹ בְּצֶלֶם דְּמוּת תַּבְנִיתוֹ, וְהִתְקִין לוֹ מִמֶּנּוּ בִּנְיַן עֲדֵי עַד. בָּרוּךְ אַתָּה יי, יוֹצֵר הָאָדָם.

4. שׂוֹשׂ תָּשִׂישׂ וְתָגֵל הָעֲקָרָה בְּקִבּוּץ בָּנֶיהָ לְתוֹכָהּ בְּשִׂמְחָה. בָּרוּךְ אַתָּה יי, מְשַׂמֵּחַ צִיּוֹן בְּבָנֶיהָ.

5. שַׂמֵּחַ תְּשַׂמַּח רֵעִים הָאֲהוּבִים כְּשַׂמֵּחֲךָ יְצִירְךָ בְּגַן עֵדֶן מִקֶּדֶם. בָּרוּךְ אַתָּה יי, מְשַׂמֵּחַ חָתָן וְכַלָּה.

6. בָּרוּךְ אַתָּה יי, אֱלֹהֵינוּ מֶלֶךְ הָעוֹלָם, אֲשֶׁר בָּרָא שָׂשׂוֹן וְשִׂמְחָה, חָתָן וְכַלָּה, גִּילָה, רִנָּה, דִּיצָה וְחֶדְוָה, אַהֲבָה וְאַחֲוָה, וְשָׁלוֹם וְרֵעוּת. מְהֵרָה יי אֱלֹהֵינוּ, [עוֹד] יִשָּׁמַע בְּעָרֵי יְהוּדָה וּבְחוּצוֹת יְרוּשָׁלַיִם קוֹל שָׂשׂוֹן וְקוֹל שִׂמְחָה, קוֹל חָתָן וְקוֹל כַּלָּה, קוֹל מִצְהֲלוֹת חֲתָנִים מֵחֻפָּתָם וּנְעָרִים מִמִּשְׁתֵּה נְגִינָתָם. בָּרוּךְ אַתָּה יי, מְשַׂמֵּחַ הֶחָתָן עִם הַכַּלָּה.

7. בָּרוּךְ אַתָּה יי, אֱלֹהֵינוּ מֶלֶךְ הָעוֹלָם, בּוֹרֵא פְּרִי הַגָּפֶן.

34

1. Blessed are You, Lord our God, King of the universe, who has created all things for His glory.

2. Blessed are You, O Lord our God, King of the universe, Creator of man.

3. Blessed are You, Lord our God, King of the universe, who has made man in His image, after His likeness, and has prepared for him, out of his very self, a perpetual edifice. Blessed are You, Lord, Creator of man.

4. May she who was barren (Zion) be exceedingly glad and exult, when her children are gathered within her in joy. Blessed are You, Lord, who makes Zion joyful through her children.

5. Grant abundant rejoicing to these loved companions as You did gladden Your creature in the garden of Eden of old. Blessed are You, Lord, who makes the bridegroom and bride to rejoice.

6. Blessed are You, Lord our God, King of the universe, who has created joy and gladness, bridegroom and bride, mirth and exultation, pleasure and delight, love, brotherhood, peace and fellowship. Soon may there be heard in the cities of Yehuda, and in the streets of Yerushalayim, the voice of joy and gladness, the voice of the bridegroom and the voice of the bride, the jubilant voice of bridegrooms from under their chupa, and of youths from their feasts of song. Blessed are You, Lord, who makes the bridegroom rejoice with the bride.

7. Blessed are You, O Lord our God, King of the universe, who creates the fruit of the vine.

Made in the USA
Monee, IL
07 July 2026